ALLES ÜBER

Mein Haustier

Unser Gemeinsames Leben

Mein Name: _____

Mein Alter: _____

Der Name Meines Haustieres:

_____

Das Alter meines Haustieres:

_____

Name des Tierarztes:

_____

Als ich dich das erste mal sah …

Ihr haus:

―――――――――――――――――――
―――――――――――――――――――
―――――――――――――――――――

Ihr lieblingskomfort:

―――――――――――――――――――
―――――――――――――――――――
―――――――――――――――――――
―――――――――――――――――――
―――――――――――――――――――
―――――――――――――――――――

Ich habe deinen namen gewählt, weil...

_____

_____

_____

Ich denke, dein name passt zu dir, weil...

_____

_____

_____

_____

Zeichnung

Wenn ich bei dir bin, fühle ich ...

Unser erstes foto zusammen

Wenn ich ihnen eine frage stellen könnte, wäre es …

___

___

___

Ich würde das gerne wissen, weil …

___

___

___

Dein lieblingsessen ist:

_____
_____

Ihre diät:

_____
_____
_____
_____
_____

Die lustigen dinge, die du tust...

Unser gemeinsames leben...

Ich kann sagen, wann du glücklich bist, weil…

Ich kann sagen, wann du angst hast, weil...

_____

_____

_____

_____

_____

_____

Zusammen können wir ...

Die orte, an die wir gehen ...

Ich habe von dir gelernt...

An deinem geburtstag...

_____

_____

_____

_____

_____

_____

_____

Ihre lieblingsbeschäftigung ist …

Du hast gelernt wie ...

Ich liebe dich, weil ...

Eine glückliche erinnerung:

Meine Lieblingsfotos

Lieblingsandenken

www.ingramcontent.com/pod-product-compliance
Lightning Source LLC
LaVergne TN
LVHW070215080526
838202LV00063B/6602